AF359221

DE

L'IMPORTANCE MILITAIRE

DE LA VILLE DE LYON.

LA ville de Lyon, si célèbre par ses relations avec les deux mondes, tributaires de son industrie, n'est pas d'une moindre importance sous le rapport stratégique : centre des communications de Paris avec les provinces des Alpes et de la Méditerranée, maîtresse du cours du Rhône, elle est la capitale aussi-bien que la clef du midi, par sa population, ses richesses, et son influence.

Dans l'état actuel de nos frontières, cette ville doit naturellement devenir, en cas de guerre, la base d'opérations d'une armée française. Il faut donc y former des établissemens militaires, et pouvoir s'y défendre. C'est l'intérêt des habitans, comme l'intérêt général.

Nous parlerons, d'abord, des grands dépôts de guerre, et des avantages qu'il y aurait à en former un dans Lyon. Nous montrerons ensuite la nécessité d'adopter, pour cette ville, un système de défense qui, loin de nuire au commerce, en assurerait la sécurité, et donnerait une nouvelle garantie aux fortunes particulières.

Bien différente d'une armée ancienne, par ses moyens offensifs, sa manière de vivre, de combattre, et sa constitution toute entière, une armée moderne ne peut exister sans des amas de munitions de guerre et de bouche. Quelques jours de marche, ou de combats, en consomment des quantités considérables, et les besoins renaissent incessamment. Un grand dépôt est donc indispensable pour approvisionner les points intermédiaires, si l'armée se porte en avant. Établi dans une ville fortifiée, il peut servir, par sa position, de point d'appui, et de lieu de sûreté pour les malades et les prisonniers, si, au contraire, elle est obligée de battre en retraite (1).

Mais si des événemens, impossibles à prévoir, amenaient des hostilités, soit avec l'Autriche,

(1) Il y a des exemples assez fréquens de guerres faites loin de toute base d'opérations et sans approvisionnemens préparés d'avance. Si le succès couronna quelquefois de telles entreprises, c'est qu'elles furent calculées d'après les lieux, les temps, et suivant l'espèce de peuple qu'il s'agissait de combattre. Ces circonstances, appréciées par le génie, pouvaient justifier une exception aux règles générales ; mais on sait assez combien une erreur en ce genre peut devenir funeste.

soit avec le Piémont, la neutralité de la Suisse serait une garantie peu sûre, et les passages des Alpes sont ouverts. Il faudrait que les magasins de l'armée française qui serait rassemblée fussent à portée de communiquer facilement avec elle, et hors de celle de l'ennemi ; car, s'il venait à les enlever, nos troupes manquant de munitions seraient peut-être forcées d'évacuer un pays où elles n'auraient plus que des contributions pour ressource.

La position militaire destinée à devenir le point d'appui d'une armée, et son grand dépôt, doit être forte et centrale. Il convient que des rivières, en facilitant l'arrivage des approvisionnemens, concourent à la défense de la place, et puissent tenir lieu de lignes au corps de réserve chargé de recruter l'armée active, d'appuyer ses mouvemens, et de la soutenir en cas d'échec.

La ville de Lyon réunit, au plus haut degré, tous les avantages desirables, et sa situation est unique pour l'établissement d'un grand dépôt de guerre, et d'un arsenal de construction.

Elle est à peu de distance de notre meilleure fabrique d'armes, et de plusieurs fonderies. La Saône y apporte en abondance les blés, les fers, les projectiles, et de superbes bois de construction ; tandis que le Rhône, extrèmement favorable à sa défense, peut transporter rapidement dans le midi, de l'artillerie, des munitions, des armes, et des soldats.

Les communications par terre sont également faciles : c'est à Lyon que se réunissent les routes qui vont du nord au sud-est de la France, en Italie, et sur nos côtes de la Méditerranée.

Enfin, cette ville est, en elle-même, un point important à conserver, facile à défendre, et à une distance convenable de nos frontières (1).

Les travaux nécessaires pour mettre Lyon en état de défense ne nuiraient point aux intérêts de la ville. Au contraire, le mouvement produit par les établissemens militaires, les constructions qu'ils entraîneraient, et les consommations d'une forte garnison, étendraient le commerce local et enrichiraient un grand nombre d'habitans; un arsenal emploierait beaucoup d'hommes de la classe indigente sans ôter des bras aux manufactures,

(1) Grenoble, où se trouve actuellement un matériel considérable, en est trop près pour qu'on puisse y former des magasins très considérables, et même y laisser l'arsenal de construction, qu'il est difficile d'y pourvoir de bois. L'ennemi pourrait bloquer cette place dès l'ouverture de la campagne, et toutes les ressources qu'elle eût offertes seraient perdues. On doit donc la munir seulement de ce qui est indispensable pour sa défense, à moins qu'une armée française ne pénétrant en Savoie, elle pût à son tour, lui servir de dépôt, sans compromettre la sûreté des approvisionnemens.

car une grande ville a toujours assez de gens oisifs. D'ailleurs, ne voit-on pas souvent mendier, même des ouvriers en soie ? Il serait bon de procurer à ces malheureux les moyens de subsister sans abandonner la ville, lorsqu'une stagnation momentanée du commerce interrompt leurs occupations ; et la tranquillité publique en serait plus assurée (1).

Quelques personnes, redoutant les chances de la guerre pour une cité paisible dont l'industrie fait la prospérité, pourraient voir avec inquiétude des établissemens militaires se former dans ses murs, et des fortifications couronner ses collines. Leurs craintes sont mal fondées, car jamais Lyon ne sera destinée à soutenir un siége réglé. Dans l'état actuel, cette ville peut être enlevée par un coup de main, et, pour l'en garantir, il n'est pas nécessaire d'en faire une place forte proprement dite ; mais il faut qu'elle soit en état de servir de point d'appui à une armée française, forcée de se retirer devant un ennemi supérieur ; il faut que cette armée, qui doit la défendre, y trouve au moins du pain, des boulets, enfin des retranchemens qui puissent compenser l'inégalité du nombre et inspirer la confiance aux soldats.

C'est à cela qu'on doit borner les projets d'é-

______

(1) La ville de Bayonne, devenue grand dépôt des armées d'Espagne, est parvenue à un degré de prospérité qu'elle n'eût jamais atteint sans cette circonstance.

tablissemens militaires et de fortifications. Les habitans de Lyon, toujours si bon Français, reconnaîtront que l'exécution de ce plan est d'un trop haut intérêt pour ne pas faire taire des craintes chimériques.

Que la ville de Lyon ait ou qu'elle n'ait pas des établissemens militaires, qu'elle soit fortifiée ou sans défense, elle n'en sera pas moins l'objet de la convoitise et le but des premières opérations de l'ennemi. Or, si elle reste ouverte, il est certain que, dès les premières hostilités, avant peut-être que notre armée ait pu se rassembler, l'ennemi portera sur Lyon un corps de troupes ; et quelques obus lancés des hauteurs qui dominent la ville la forceront à se rendre ; elle ne pourrait, quels que fussent d'ailleurs l'énergie des habitans et le courage des soldats, tenir long - temps sans s'exposer à être incendiée.

La garnison devra donc, en se retirant, laisser l'ennemi se rendre maître, sans coup férir, de la seconde ville du royaume, et la rançonner à volonté ; et, s'il veut en faire sa base d'opérations, plus sage que nous, il sentira, sans doute, le besoin de couvrir et de conserver un point aussi important : peut-être alors les habitans subiront-ils l'humiliation d'élever à leurs frais, et de leurs propres mains, les retranchemens qui aideront à disputer leur ville à la France.

Si, menacé par des forces supérieures, l'ennemi

se voit obligé d'abandonner sa conquête, il ne la quittera point sans enlever toutes ses richesses. En se retirant, il détruira les ponts de la ville par lesquels on pourrait le poursuivre : heureuse encore, si le combat ne s'engage pas dans ses murs, ou si l'ennemi n'arrête, par un vaste incendie, la marche des colonnes françaises. Les Russes, les Prussiens, les Autrichiens, ont souvent employé ce moyen pour assurer leur retraite, et les cendres de Moscou parlent aux peuples imprévoyants.

Il semblerait qu'une population de 160 mille ames peut toujours se défendre contre l'étranger, ou du moins le forcer à être modéré. Ne nous faisons point illusion, l'étranger est tout-puissant dans une ville qu'il occupe ; il ne ménage rien, et rien ne lui coûte pour s'y maintenir : enfin, il peut être impunément insatiable, et sa cupidité trouverait dans Lyon une mine féconde. Si, réduit au désespoir, le peuple devenait menaçant, que pourrait-il faire, sans armes, contre un ennemi maître des hauteurs, des ponts et des places publiques? Une lutte appellerait sur la ville le meurtre et le pillage, et la plus prompte soumission ne sauverait rien.

Tels sont les maux qui peuvent un jour accabler la ville de Lyon, si on la laisse sans fortifications et sans moyens militaires ; et l'on ne peut rien conclure de la résistance qu'elle opposa en 1793 aux armées révolutionnaires.

Les Lyonnais, il est vrai, prirent, à cette époque, une de ces résolutions généreuses qu'inspire le véritable patriotisme ; ils montrèrent que les vertus guerrières sont innées chez les Français, et ils firent à leur ville un rempart de leurs corps. Mais un tel héroïsme tient à un concours de circonstances extraordinaires. D'ailleurs, en 1793, chacun avait un intérêt direct et personnel à prendre les armes, pour échapper à l'oppression, et même à l'échafaud.

Il n'en est pas ainsi dans une guerre de gouvernement à gouvernement. D'ordinaire, les armées seules prennent part à la querelle ; et, comme les succès sont journaliers, les meilleures troupes peuvent éprouver des revers. Qu'arriverait-il donc, si une armée française, forcée de se retirer sur Lyon, harcelée et poursuivie, n'y trouvait aucuns retranchemens, sous la protection desquels on pût arrêter l'ennemi ? Forcée de l'attendre dans les positions en avant des faubourgs, cette armée courrait risque d'y être encore battue ; et, poussée l'épée aux reins jusque dans l'intérieur de Lyon, la ville se trouverait alors fortement compromise, si le général, préférant, comme il le devrait, l'intérêt de la guerre aux intérêts particuliers des habitans, se défendait jusqu'à la dernière extrémité. En 1814, elle était exposée à de grandes calamités, si le maréchal Augereau eût voulu s'opposer à l'entrée des Autrichiens ; car la résistance, sans aucune fortification, eût été un parti désespéré.

Lyon, en état de défense, peut, sans péril, arrêter une invasion étrangère, et décider du succès d'une campagne ; tandis que la ruine de cette ville et les plus grands malheurs seraient les suites de l'imprévoyance qui ferait négliger, pendant la paix, les moyens d'éviter les désastres de la guerre. Loin d'attirer le danger, les précautions l'éloignent ; et jamais cette vérité n'aurait été plus évidente qu'à l'égard d'une ville dont l'opulence et la position fixeraient l'attention de l'ennemi, si de puissans obstacles n'étaient là pour déjouer ses projets.

Si, malgré ces obstacles, l'armée ennemie déployait de trop grands moyens d'attaque, les forts détachés, où se réfugierait la garnison, se défendraient seuls. Leur résistance servirait du moins à obtenir pour la ville une capitulation avantageuse, et à donner le temps de faire évacuer nos grands approvisionnemens.

Le sort de la guerre dépend souvent de quelques sages précautions. L'adversaire que l'on a devant soi n'est pas toujours le plus à craindre,

et les victoires ou les revers peuvent être les con-
séquences de mouvemens éloignés qui sembleraient
leur être étrangers. A considérer la chose mili-
tairement, l'on peut dire que, si, en 1814, Paris
eût résisté huit jours aux alliés, notre armée, qui
les avait séparés de leurs approvisionnemens, en
coupant leur ligne d'opérations, les eût peut-être
forcés, après vingt-quatre heures de combat, à
demander la paix, faute de cartouches, sous les
murs de la capitale.

Pour prendre les dispositions dont nous avons
démontré la nécessité, il convient :

1° De transporter à Lyon l'arsenal de construction actuellement à Grenoble, ainsi que l'école
d'artillerie de Valence, ces deux établissemens ne
pouvant être séparés (1) ;

2° D'y construire des casernes de toutes armes,
et les autres édifices militaires indispensables a
une place qui doit servir de grand dépôt et de
base d'opérations à une armée ;

3° D'adopter pour la ville un système de défense, simple par son tracé, peu dispendieux
pour l'État, et suffisant néanmoins pour la mettre
à l'abri d'un coup de main, sans entraver son
commerce, ni gêner la circulation.

---

(1) S. Excellence le Ministre de la guerre vient de décider cette mesure.

L'arsenal doit être placé à l'abri du feu de l'ennemi, bien défendu par celui de nos batteries, et dans une position qui rende facile l'arrivage des matériaux, et les transports des objets qu'il serait chargé de fournir.

Il paraîtrait avantageux, au premier abord, de choisir l'emplacement nécessaire sur la rive gauche du Rhône, où l'on pourrait disposer de vastes terrains ; mais en mettant l'arsenal en dehors de la ligne défensive formée par ce fleuve, ce serait le livrer à l'ennemi. Toutes les convenances disparaissent devant ce danger.

Pour l'établir à la Croix-Rousse, on froisserait une infinité de petits propriétaires, tout en les indemnisant à grands frais. D'ailleurs, on serait loin des rivières ; les communications avec la ville seraient difficiles et les transports trop coûteux.

De semblables et même de plus graves inconvéniens se présentent pour Fourvières : une nouvelle route serait nécessaire pour voiturer les grands matériaux et les munitions.

Il vaudrait mieux choisir, sur le quai de Serin, le terrain où l'on a commencé la construction d'un quartier de cavalerie ; l'arsenal se trouverait parfaitement défendu par les ouvrages que l'on élèverait aux Chartreux, avec lesquels on pourrait le lier. Le feu de l'ennemi ne pourrait y atteindre, en supposant même qu'il parvînt à occuper la ville (1). Ce local, sur le bord de la Saône, offrirait de grand avantages ; mais il est fort resserré ; on serait obligé de placer ailleurs la caserne de l'artillerie légère, parce qu'il n'est pas possible d'y établir de la cavalerie; elle y manquerait de champs de manœuvre , et perdrait beaucoup de temps à se rendre dans ceux que l'on établirait au loin : d'ailleurs, les communications avec la ville, ne pouvant avoir lieu que par des quais fort étroits, pourraient être interceptées par les inondations.

L'emplacement, sans contredit, le plus convenable, est celui que présente le quartier Perrache. Le terrain compris entre le Cours du Midi, la place Louis XVIII, et la Saône, vis-à-vis de la *Quarantaine*, offre toutes les commodités possibles pour le débarquement des matériaux ou des munitions arrivant par eau, et la facilité d'un grand développement; enfin, l'on y serait à couvert du feu de l'ennemi, et sous la protection du fort que nous montrerons devoir être établi à Saint-Just. Enfin, la rampe qui existe à cette partie du quai servirait au déchargement des bâteaux,

(1) D'après le système de défense que nous proposons , la ville fût-elle obligée d'ouvrir ses portes, les positions qui l'environnent, défendues par des forts , tiendraient longtemps encore ; et l'arsenal dans cet emplacement n'en serait pas moins en sûreté, puisqu'il pourrait être lié aux fortifications de la Croix-Rousse.

si l'on ne préférait les introduire dans l'établissement même, au moyen d'un canal.

Mais l'achat de ce terrain serait trop dispendieux, en raison des spéculations qui ont été
faites et des constructions qu'on a élevés. Il convient de placer l'arsenal dans une zone parallèle
au Cours du Midi.

S. Ex. le Ministre de la guerre a désigné cet
emplacement pour des casernes, et il est assez
vaste pour tous les établissemens militaires ; ils y
seraient isolés, bornés par une place, le Cours,
et les deux rivières : un Champ de Mars, dans l'intérieur de la presqu'île Perrache, servirait aux
grandes fêtes publiques, aussi-bien qu'aux ma-
nœuvres des troupes.

Le peu d'étendue de la presqu'île ne permet-
tant pas d'y placer, sans danger, un polygone
d'artillerie, un terrain propre à cet usage a été
reconnu sur la rive opposée du Rhône. On com-
muniquerait avec ce polygone par un pont volant,
dont l'établissement, sur un fleuve rapide, servirait journellement à l'instruction des ponton-
niers.

M. le lieutenant général, commandant à Lyon,
a été chargé de traiter de cet emplacement avec
la ville : l'arsenal actuel établi à *Sainte - Claire*
et la caserne du *Bon Pasteur* ont été proposés
en échange. Dans le projet du Ministre, la ma-

nutention serait établie à *Sainte Marie des Chaí-
nes*, sur le quai de Serin.

L'administration municipale, rejetant ces offres,
a proposé un autre terrain dans l'intérieur de la
presqu'île Perrache, près de l'Indiennerie ; mais
l'insalubrité causée par les exhalaisons délétères,
des marais, pendant les chaleurs de l'été, et leur
état impraticable en hiver, ou même à la moindre
crue d'eau, ne permettrait pas d'y former l'établissement sans des remblais immenses, et tellement dispendieux, que le Gouvernement ne
peut penser à les entreprendre.

L'insalubrité de cette partie de la presqu'île a
été récemment constatée par une commission de
médecins, appelés à examiner les causes de l'espèce
d'épidémie qui s'était manifestée dans la caserne
de l'Indiennerie. Le mal y avait fait de tels pro-
grès que les mesures jugées les plus efficaces n'ont
pu l'arrêter entièrement. Et il est à remarquer
que cette maladie n'était point accidentelle : cha-
que année, le bataillon que le manque de casernes
oblige de loger à l'Indiennerie, envoie à l'hôpital
un nombre d'hommes bien plus considérable qu'au-
cun autre corps de la garnison.

Outre ce grave inconvénient, l'emplacement
dont il s'agit serait exposé à tout le feu de l'ennemi,
faute d'être suffisamment protégé par les fortifications. Les Lyonnais qui se sont trouvés au siége

de 1793, se rappelleront avec quelle violence les boulets et la mitraille arrivaient en cet endroit. On n'était à couvert que sur le terrain nommé autrefois la *demi-lune*, aujourd'hui le Cours du Midi. Ainsi, c'est seulement sur une zone de terrain parallèle à cette promenade qu'on peut songer à placer l'arsenal de construction et les autres établissemens militaires, leur sûreté étant la première considération qui doive déterminer.

Examinons, maintenant, quel système de fortifications comporte la position de Lyon, eu égard à la grande étendue de cette ville, à son industrie, et à sa nombreuse population.

La nature a tout fait, non seulement pour le commerce de Lyon, mais encore pour sa sûreté. Les deux fleuves qui s'y réunissent sont des remparts naturels opposés aux invasions et protecteurs de son industrie. Le côté de la ville qui n'est pas bordé par le Rhône est entouré de collines offrant d'excellentes positions défensives, auxquelles la Saône sert de point d'appui. Mais ces obstacles seraient vains, et ces positions avantageuses pourraient même être armées contre la ville, et hâter sa reddition, si l'art ne lui en assure la conservation.

Ce serait cependant une erreur de penser qu'il est nécessaire de fortifier Lyon régulièrement, comme Metz et Strasbourg. Indépendamment de l'énorme dépense qu'entraîneraient des travaux sur une ligne aussi étendue, il est de l'intérêt de l'état de ne point exposer à un siége dans les formes une ville dont la grande population serait, elle-même, un obstacle à la défense, par les besoins renaissans d'une multitude d'ouvriers sans ressource, qui, n'ayant pas eu les moyens de faire des provisions d'avance, porteraient ailleurs leur industrie, ou affameraient bientôt la ville, s'ils y restaient.

Ainsi, il ne faut à Lyon que des fortifications adaptées au but auquel on doit se borner, qui est une résistance de quelque durée seulement pour la ville, et les moyens néanmoins d'en chasser l'ennemi, s'il parvenait à s'en rendre maître par capitulation ou par force. Des ouvrages détachés, faiblement liés entr'eux, suffiraient pour remplir ce but ; ils forceraient à perdre beaucoup de temps en préparatifs, et rendraient d'ailleurs le siége très difficile, vu la position particulière de Lyon et son grand développement.

Si l'histoire du siége de 1793 prouve qu'il est possible de défendre Lyon sans élever des fortifications régulières, l'issue de ce siége fait sentir aussi la nécessité d'entreprendre les travaux nécessaires à sa défense.

L'armée révolutionnaire, forte du fanatisme du moment, et de l'espoir du pillage, opérait au centre de la France, entraînant la majorité de la population des campagnes, et comprimant la minorité par la terreur ; elle était sans aucune inquiétude pour ses derrières et ses communications, et n'avait pas à craindre les efforts d'un ennemi extérieur. Ces avantages, que n'aurait jamais une armée étrangère, rendirent son entreprise plus facile, et donnèrent à ce siége un caractère qui est particulier aux guerres civiles.

Les assiégés, au contraire, long-temps opprimés par la faction jacobine, avaient fait peu de préparatifs, et n'eurent presque aucuns secours du dehors. Le nombre effectif de défenseurs, nullement en rapport avec la population, était insuffisant pour garder tous les points par lesquels on pouvait pénétrer.

C'est dans cette situation, cependant, que Lyon résista 63 jours, n'ayant pour toutes fortifications que quelques redoutes en terre. Mais les positions qu'elles défendaient étaient tellement favorables aux assiégés, qu'ils auraient pu tenir long-temps encore, si la famine n'avait mis fin à leur noble résistance.

C'est ce concours de circonstances qui fit que Lyon put être assiégé et pris par une armée qui ne réunissait pas, en elle-même, de grands moyens ; mais dont la sécurité faisait la force, et qui avait la famine pour auxiliaire. Privée de fortifications, cette ville put tenir pendant deux mois; quelle résistance ne pourrait-elle pas opposer aux étrangers, si les positions qui l'environnent étaient bien fortifiées ! Une armée étrangère, lancée en France, au milieu d'une population ennemie, aurait tout à craindre ; elle ne pourrait, ni enlever Lyon par un coup de main, ni même se livrer aux lentes opérations d'un siége régulier : il nécessiterait d'immenses lignes de circonvallation et la construction de trois ponts pour lier ensemble les corps qu'elle devrait faire agir contre la Guillotière, la Croix-Rousse et Saint-Just. La perte de l'un de ces ponts compromettrait éminemment la sûreté du corps qui, séparé des autres, se trouverait exposé à soutenir seul tous les efforts des assiégés.

Il faudrait un temps infini et de grandes ressources pour de semblables opérations. Il faudrait une armée bien nombreuse pour contenir les troupes renfermées dans la place, et repousser celles qui pourraient venir à son secours ; mais, quelle que fut la force numérique des assiégeans, elle ne suffirait pas pour garder des lignes d'une aussi grande étendue. Les secours qu'ils enverraient sur les points attaqués ne parviendraient jamais assez tôt pour empêcher la garnison d'avoir l'avantage dans ses sorties, et de ruiner leurs travaux ; car les ponts de l'intérieur de la ville lui donneraient la facilité de se porter rapidement partout.

Mais si les défenseurs de Lyon, réduits à leurs propres forces, pouvaient néanmoins faire à l'ennemi beaucoup de mal, que serait-ce donc, si une armée française venait troubler ses travaux, et combiner ses attaques avec celle de la garnison, tandis que nos partisans le harceleraient sans cesse, ccuperaient ses communications, et enleveraient ses convois ?

En un mot, la position topographique et l'immense étendue de la ville de Lyon rendront toujours si périlleux le projet de l'assiéger régulièrement, que l'ennemi ne saurait former une telle entreprise sans de grands moyens et de longs préparatifs ; et même il ne pourrait en faire librement usage, que si la France était dans une situation assez malheureuse pour n'avoir plus d'armée à lui opposer.

Un siége régulier n'est donc pas à redouter ; et, s'il avait lieu, la résistance de la place cesserait nécessairement dès que l'ennemi pourrait empêcher de la ravitailler. Il est plus probable qu'il tournerait ses efforts contre les points les plus faibles.

Ce sont ces points vulnérables qu'il convient surtout de s'attacher à bien défendre. Mais, comme les besoins de la population ou l'intérêt de l'industrie locale pourraient forcer la ville à ouvrir ses portes, on doit se ménager les moyens d'y tenir l'ennemi en échec. Il faut donc garnir les hauteurs qui entourent Lyon, et commandent les environs, de forts indépendans les uns des autres, et de manière à établir des feux croisés sur les passages par lesquels on pourrait s'introduire. Ces positions seraient liées entr'elles par les murs des jardins, que l'on ferait créneler au besoin, et où l'on placerait de l'infanterie. Alors l'ennemi, parvînt-il à occuper la ville, resterait exposé au feu de ces forts, qui pourraient tenir long-temps encore (1).

Par exemple, un fort à Saint-Just, à peu près au-dessus du pont d'Ainay, battrait le côteau de Sainte-Foy, empêcherait l'ennemi d'y établir des batteries, défendrait la meilleure partie de la presqu'île Perrache, et étendrait ses feux jusque sur la rive gauche du Rhône : c'est sous la protection de ce fort que se trouverait l'arsenal de construction.

Un ouvrage aux aqueducs de Sainte-Irénée

______

(1) Il y a mille exemples de semblables résistances et de leurs bons résultats. En 1812, la citadelle de Burgos arrêta les Anglais vainqueurs aux *Arapiles*, et les obligea d'évacuer la ville dont on avait à peine défendu l'entrée. Cet incident déconcerta les plans de Lord Wellington.

(point culminant) éclaircrait le revers des côteaux de Sainte-Foy, et empêcherait l'ennemi de s'en couvrir pour établir des batteries.

Une citadelle sur la montagne de Fourvières commanderait tous les environs jusqu'au château de la *Duchère*, au-devant duquel on établirait un système de redans qui irait de *Grange-Blanche* à la Saône. Les troupes, forcées de céder la position de Limonest, pourraient se reformer derrière ces redans, et combattre avec avantage comme dans un camp retranché, ayant leurs flancs couverts par la rivière et par la citadelle.

Un fortin sur le rocher où était placé le *fort Saint-Jean* battrait le cours et les deux rives de la Saône. Quelques ouvrages à la Croix-Rousse, et des murs crénelés défendraient ce côté de la ville. Enfin, des têtes de pont, sur la rive gauche du Rhône, et quelques redoutes en avant de la Guillotière, compléteraient le sytème de défense; auquel il faudrait ajouter une coupure à la presqu'île Perrache, pour séparer ce qui doit être défendu de ce qui ne peut pas l'être.

Dans le cas où une armée française ferait sa retraite sur Lyon, par la route de Bourgogne, elle devrait naturellement tenir à Limonest, position qui couvre la ville de ce côté, et peut coopérer puissamment à sa défense. Il serait donc nécessaire d'y élever quelque redans, ainsi qu'à Montessuy.

Mais des troupes en campagne peuvent exécuter ces sortes d'ouvrages en vingt-quatre heures, ou bien on les fait construire au moment de la guerre.

L'attaque de Limonest coûterait, sans doute, beaucoup de monde à l'ennemi ; et s'il parvenait à forcer le passage, nos troupes se replieraient sur Lyon, d'où elles communiqueraient facilement avec les rives du Rhône et de la Saône : elles y trouveraient des ressources pour se recruter, pour réorganiser leur matériel ; et notre armée pourrait bientôt reprendre l'offensive. Attaquant à son tour l'ennemi, elle ne serait pas obligée de s'affaiblir pour occuper la ville : une simple garnison dans les forts et deux bataillons de troupes de ligne gardant les têtes de pont, suffiraient ; la garde nationale restant chargée du service intérieur.

La position de Limonest une fois forcée, celle de Montessuy ne saurait tenir, pouvant être prise à revers de la rive droite de la Saône ; les troupes qui pourraient s'y trouver feraient alors leur retraite sur la Croix-Rousse.

Le système défensif que nous avons développé est simple ; l'exécution de nos plans serait peu coûteuse et nullement gênante pour la circulation et le commerce. La ville de Lyon pourrait repousser, ou du moins occuper l'ennemi, et, dans ce dernier cas, donner le temps aux secours d'arriver. Elle serait en état de rendre, pendant la guerre, des services importans à la France ; car, par un mécanisme intelligible à l'homme le plus étranger à la stratégie, la place et notre armée d'opération se prêteraient un appui réciproque (1).

Ainsi, la seconde ville du royaume n'aurait plus à craindre de voir l'ennemi bouleverser son commerce et compromettre son existence, et l'état s'assurerait la possession d'un point militaire de la plus haute importance ; enfin, les intérêts particuliers seraient conciliés avec l'intérêt général, et, si la guerre venait encore désoler nos provinces, les Lyonnais béniraient le gouvernement d'avoir lu pour eux dans l'avenir.

(1) Loin d'attirer sur la ville le feu du dehors, les fortifications l'en éloigneraient ; car l'ennemi ne pourrait se servir de ses canons de campagne, dont la portée ne serait jamais en rapport avec celles des pièces de gros calibre dont ses ouvrages seraient armés.